AF338005

SOLUTION

DE LA

QUESTION MEXICAINE

PAR

A. MALESPINE

AVEC UNE CARTE COLORIÉE INDIQUANT LES OPÉRATIONS MILITAIRES

NOUVELLE ÉDITION

PARIS

E. DENTU, LIBRAIRE-ÉDITEUR

PALAIS-ROYAL, GALERIE D'ORLÉANS, 17-19

1864

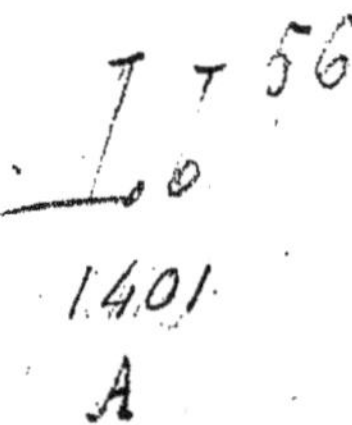

Il semble, au premier abord, superflu de revenir sur les causes qui ont amené l'intervention française au Mexique. Les attentats commis contre la personne et contre les biens de nos compatriotes sont nombreux, et le gouvernement de M. Juarez lui-même admet en principe la légitimité de nos réclamations. Il conteste toutefois le montant des indemnités réclamées, et il se plaint que l'on fasse retomber sur lui, non-seulement la responsabilité matérielle, mais encore la responsabilité morale des crimes commis par ses adversaires politiques.

Les indemnités contestées sont celles qui se trouvent mentionnées dans l'article 1er et dans l'article 3 de l'ultimatum remis par les plénipotentiaires de la France. Ces articles sont ainsi conçus :

« Article 1er. — Le Mexique s'engage à payer à la France une somme de douze millions de piastres, à laquelle est évalué l'ensemble des réclamations françaises, en raison des faits accomplis jusqu'au 31 juillet dernier (1861), sauf les exceptions stipulées dans les articles 2 et 4 ci-dessous, en ce qui touche les faits accomplis depuis le 31 juillet dernier, et pour lesquels il est fait une réserve expresse. Le chiffre des réclamations auxquelles ils pourront donner lieu contre le Mexique sera fixé ultérieurement par les plénipotentiaires de la France. »

» Article 3. — Le Mexique sera tenu à l'exécution pleine,

loyale et immédiate du contrat conclu au mois de février 1859 entre le gouvernement mexicain et la maison Jeçker. »

Le premier chiffre de douze millions de piastres a paru, en effet, excessif, car le nombre total des Français ayant leur résidence fixe au Mexique, n'est, d'après les documents officiels les plus récents, que de 2,048. La demande de l'exécution intégrale et immédiate du contrat conclu entre Miramon et la maison Jecker, s'élevant à la somme de quinze millions de piastres, a été également jugée trop rigoureuse.

Ces deux demandes donnèrent lieu, dès le début de l'expédition, à un premier désaccord entre les plénipotentiaires de la France, de l'Angleterre et de l'Espagne.

Aussitôt qu'il fut mis au courant des réclamations françaises par sir Charles Wyke, le comte Russell écrivit à lord Cowley, ambassadeur d'Angleterre à Paris :

« ... Il n'est vraiment pas possible que des réclamations aussi excessives que celles de douze millions de piastres, en bloc et sans compte, et celle de quinze millions de piastres pour sept cent cinquante mille piastres reçues, puissent avoir été faites avec l'espoir de les voir accueillies... »

M. Thouvenel s'empressa effectivement, par une dépêche adressée à M. Dubois de Saligny, le 28 février 1862, et dans les termes suivants, d'enlever à ces demandes ce qu'elles avaient de trop absolu :

« Le chiffre auquel le département s'était efforcé d'évaluer nos réclamations n'atteignait pas celui fixé par votre article 1ᵉʳ ; mais, en l'absence d'éléments suffisants d'appréciation, il vous était laissé, à ce sujet, une très grande latitude. Bien que je ne vous invite pas expressément à réduire un chiffre que sir Charles Wicke et le général Prim semblent avoir trouvé exorbitant, vous pourriez pourtant vous montrer moins rigoureux sur ce point, s'il était une cause trop évidente de dissidence entre les représentants des trois Cours. »

M. Thouvenel était en outre d'avis que, si la France s'en tenait à un chiffre d'indemnité considérable, il n'était plus nécessaire d'exiger des réparations d'une autre nature, soit à propos de la mort du consul de France à Tépic, soit à raison des tentatives dirigées contre la personne de M. Dubois de Saligny au mois d'août 1861.

En ce qui concerne l'affaire Jecker, M. Thouvenel déclarait qu'il y avait une distinction à faire entre ce qui touche directement à nos intérêts et ce qui y est étranger. A l'époque où le contrat Jecker fut signé, le ministre de France à Mexico avait informé le gouvernement français que le commerce étranger tirait un grand soulagement de cette mesure financière. C'est seulement à ce point de vue que le gouvernement français en demandait l'exécution. Mais la question serait jugée tout différemment, ajoutait M. Thouvenel, si la maison Jecker (1) devait bénéficier presque exclusivement de l'accomplissement du contrat :

« ... J'appelle votre attention, disait en terminant M. Thouvenel, sur l'importance de bien séparer ce qui, dans cette affaire, peut réellement compromettre les intérêts que nous avons le devoir de protéger, de ce qui en affecterait d'autres d'un caractère tout différent. Le gouvernement actuel (le gouvernement de Juarez) ne saurait prétendre priver nos nationaux des avantages que leur assurerait une mesure régulière prise par l'administration du général Miramon, par cette unique raison que cette mesure émanait d'un ennemi ; mais nous serions mal fondés, de notre côté, à vouloir imposer au gouvernement actuel (à Juarez) des obligations qui ne découleraient pas essentiellement de sa responsabilité gouvernementale. »

Enfin, en dernier lieu, M. Drouyn de Lhuys s'est exprimé ainsi, dans une dépêche du 17 août 1863, adressée au général Bazaine :

(1) On pourrait objecter que M. Jecker est aujourd'hui Français, mais il n'a été naturalisé que par décret du 26 mars 1862, et le contrat signé entre lui et le gouvernement de Miramon porte la date du 29 octobre 1859.

« ... J'ai parlé de nos réclamations. Elles sont, comme vous le savez, général, de deux sortes : celles qui sont antérieures à la guerre, et celles qui ont la guerre pour origine. Quant aux premières, elles seront toutes déférées à l'examen d'une commission, qui sera instituée auprès de mon département, et qui sera composée de manière à assurer à ses décisions une autorité indiscutable. Le chiffre total à présenter au gouvernement mexicain se composera de la somme de toutes ces réclamations, qui auront été reconnues par la commission comme légitimement fondées. »

Les dépêches de M. Thouvenel et celles de M. Drouyn de Lhuys atténuent donc considérablement l'ultimatum remis à Juarez par M. Dubois de Saligny, et il n'est pas douteux que si les réclamations de la France eussent été ainsi présentées dans le principe, Juarez se fût empressé de les accueillir.

Mais l'intervention n'a pas eu pour seules causes diverses réclamations pécuniaires. La France poursuit le redressement d'autres griefs qui résultent de l'état d'anarchie où se trouve le Mexique depuis quarante ans. Plusieurs de nos compatriotes ont été attaqués, volés, assassinés, et jamais on n'a pu obtenir aucune réparation, ni même le châtiment des coupables. Convenons toutefois que, lorsque le moment de l'expiation générale est arrivé en 1861, on a injustement attribué à Juarez ou à ses partisans les crimes de tous les gouvernements et de tous les ambitieux qui, depuis douze ou quinze ans, se sont disputé le pouvoir.

Il faut remonter à plus de quinze ans, et même à plus d'un siècle, si l'on veut se rendre impartialement compte de l'état social du Mexique. Le Mexique n'a pas eu, comme les Etats-Unis, la bonne fortune d'être colonisé par des hommes intelligents et laborieux qui allaient chercher au loin un asile contre la persécution. De même que toutes les autres colonies espagnoles, il a été livré à des envahisseurs débauchés, querelleurs, qui dédaignaient toute autre occupation que la guerre,

et se rendaient en Amérique pour avoir des populations à per-
sécuter à leur aise.

L'Espagne établissait un despotisme effréné partout où
elle plantait son drapeau ; elle déconsidérait le travail, en fa-
vorisant de tous ses efforts l'introduction et l'accroissement
des nègres esclaves ; son plus grand souci était de maintenir
dans tous les rangs l'ignorance et la superstition ; elle confiait
exclusivement l'éducation au clergé, et chargeait l'Inquisition
de surveiller l'envoi des livres ; enfin, elle croyait pouvoir
conserver à jamais ses colonies, en les isolant du reste du
monde, en défendant à ses sujets d'outre-mer tout commerce
direct avec les nations étrangères.

Des populations ainsi gouvernées ne pouvaient avoir ni
vertus domestiques ni vertus sociales, et si quelques créoles
mexicains n'étaient pas parvenus, vers la fin du XVIIIe siècle,
à se rendre secrètement en Europe, la lutte de l'indépendance
eût été retardée jusqu'à nos jours. Ces hardis voyageurs
s'absorbèrent dans la lecture de Voltaire et de Rousseau, et
tentèrent, aussitôt de retour dans leur patrie, un commence-
ment de propagande. Ils furent brûlés, ni plus ni moins qu'en
plein moyen âge. Mais le premier germe était semé. Il fructifia
si bien, qu'en moins d'un quart de siècle toutes les colonies
espagnoles du continent conquirent leur indépendance.

Toutefois, l'émancipation ne répondait pas encore à un
besoin bien compris, et, au Mexique plus qu'ailleurs, elle fut
exclusivement l'œuvre de quelques intelligences d'élite. Elle
ne changea pas essentiellement les mœurs et ne fit pas dispa-
raître les préjugés. La propriété ne fut pas divisée et le nouveau clergé n'eut ni moins d'ambition que l'ancien, ni moins
d'influence sur l'esprit du peuple. Il se forma des restes ou
des successeurs des castes privilégiées un parti qui, ayant
pour lui les richesses et l'influence religieuse, fut, par le fait,
le plus puissant de tous ceux qui se partagèrent le Mexique.

Ce parti, qu'on désignait alors sous le nom de clérico-espa-
gnol, et qu'on appelle aujourd'hui réactionnaire ou conserva-

teur, prépara lentement les voies pour ramener le Mexique
sous la domination espagnole, et lorsqu'il eut échoué dans
toutes ses tentatives, il songea à établir une monarchie indé-
pendante, et tourna les yeux vers la France pour l'aider dans
l'accomplissement de ce projet. Ses propositions furent re-
poussées ; mais il ne se tint pas pour battu, et il ne recula
devant aucun moyen pour rendre l'intervention inévitable.

En 1838, en effet, eut lieu la malencontreuse expédition
commandée par l'amiral Baudin. Les causes de cette expédition se trouvent franchement exposées dans un livre de
MM. Blanchard, Dauzats et Maissin, publié en 1839, par
ordre du gouvernement français, sous les auspices de M. le
baron Tupinier, alors ministre de la marine :

« On sait que c'est au parti clérical qu'il faut attribuer les
différends survenus entre la France et le Mexique. Ce parti
veut ramener à son insu le Mexique vers la monarchie, et il a
poussé à la guerre contre nous, parce qu'il y a entrevu un
moyen d'arriver à son but. Depuis l'expédition d'Alger, on
nous croit assez disposés aux lointaines expéditions et aux
conquêtes ; on ne sait pas qu'Alger même nous a dégoûtés de
ce métier de dupes ; on le sait au Mexique moins qu'ailleurs.
Le parti prêtre pensait qu'à force d'injustices, d'insultes et
d'outrages, il amènerait la France à entreprendre la conquête
de la République mexicaine, et qu'on pourrait établir alors
une monarchie. La France convenait mieux qu'une autre nation
pour accomplir ce vaste dessein. Elle a l'humeur belliqueuse,
elle est impatiente des injures, dût-elle perdre à les venger...»

Il est curieux de rapprocher ces lignes, écrites en 1839, des
lignes suivantes que publiait le *Times* de Londres, vingt-
trois ans plus tard, le 27 mai 1862, cinq mois après le début
de l'intervention actuelle :

« Nous savons maintenant l'origine de toute l'affaire. La
monarchie, avec l'archiduc Maximilien pour Empereur, était
l'idée de certains réfugiés mexicains, membres du parti réac-

tionnaire ou clérical au Mexique, et partisans de Marquez et autres coquins (*ruffians*), dont les méfaits ont été parmi les principales causes de notre intervention. Si Ferdinand Maximilien va au Mexique, il trouvera ses amis les plus actifs parmi les hommes qui ont fusillé, torturé, volé, jusqu'à ce qu'enfin l'Europe ait perdu patience. »

Le parti conservateur n'a cessé, effectivement, de se rendre coupable envers les étrangers des actes les plus propres à provoquer l'intervention de la France, de l'Angleterre et de l'Espagne. Nous ne rappellerons que quelques-uns des faits les plus récents :

Un aide de camp du président Zuloaga insultait publiquement, en 1858, de la façon la plus grossière, M. Brasseur, ancien capitaine sous le premier empire, et attaché à la chancellerie de France ; peu de temps après, vingt officiers supérieurs cléricaux, parmi lesquels se trouvait le général Miramon, attaquaient et battaient trois Français dans les rues de Mexico ; plus tard, et pendant qu'il invoquait lui-même l'intervention de la France, Miramon ordonnait à l'un de ses généraux, Silverio Ramirez, de jeter en prison le vice-consul de France à Zacatecas, M. Lacroix, qui avait refusé de payer une taxe illégale. Le général Marquez ordonnait en 1859 les épouvantables massacres de Tacubaya, et pillait une *conducta* qui se dirigeait vers San Blas ; enfin, le 17 novembre 1860, Miramon enlevait en plein jour et de vive force 660,000 piastres à la légation d'Angleterre.

« Depuis quarante ans, lit-on dans le rapport par lequel l'Assemblée des Notables expose les motifs qui l'ont déterminée à proclamer l'archiduc Maximilien empereur du Mexique, depuis quarante ans, le Mexique a été gouverné par des brigands, des vagabonds et des incendiaires. »

L'Assemblée des Notables a trop oublié que depuis quarante ans le Mexique a presque toujours été gouverné par le parti qui trône aujourd'hui à Mexico. Elle a trop oublié que vingt-deux des trente-cinq membres qui forment le Conseil supérieur sont d'anciens ministres ou d'anciens juges de la Cour suprême; que deux des trois hauts personnages qui composent la régence ont été ministres, et que l'un d'eux, le général Salas, a été un instant, en 1847, président provisoire, alors qu'il appartenait au parti libéral.

Nous ne voulons certes pas prétendre que le parti libéral soit à l'abri de tout reproche. M. Thouvenel a été pleinement fondé à dire, dans sa dépêche du 30 octobre 1861, adressée à M. Dubois de Saligny, que les mesures auxquelles le gouvernement de Juarez a eu recours en 1861, peu de mois avant l'intervention, pour se procurer des ressources, révèlent le même caractère d'abus de pouvoir que toutes celles qui les avaient précédées. Mais les abus reprochés à Juarez et à ses ministres ne doivent pas faire oublier les excès commis par leurs adversaires, et nous avons voulu bien établir que si les premiers peuvent légitimement être traités en ennemis, il n'existe aucune bonne raison pour voir dans les autres des amis dont le passé puisse répondre de l'avenir.

Peut-être même est-il regrettable que les circonstances n'aient pas permis de renverser la situation. Supposons, en effet, que nous eussions eu Juarez pour allié et qu'il nous eût apporté un concours égal à l'énergique résistance qu'il nous a opposée, il est incontestable que tout le Mexique serait aujourd'hui pacifié.

Cette hypothèse nous conduit à regretter que la présence prématurée dans le camp français de certains Mexicains trop connus nous ait privés de l'avantage de nous présenter en médiateurs. Peut-être est-il temps encore de faire un nouvel appel à la concorde dans des conditions acceptables par tous et de nature à mettre immédiatement fin à la guerre civile et à l'intervention. Avant de dire quelles seraient, selon nous, ces conditions acceptables, nous croyons utile de rappeler tout ce qui a été dit sur le but de l'intervention française. Nous tracerons ensuite un tableau rapide de la situation, et nous déduirons de cet exposé même la seule solution possible.

II

Le but que le gouvernement français se proposait d'atteindre en intervenant au Mexique ressort de l'ensemble des documents publiés; mais il n'a été fait à ce sujet aucune de ces déclarations précises et formelles qui ne laissent planer aucun doute sur les intentions d'un gouvernement. M. Thouvenel écrivait le 11 octobre 1861, que la légitimité de notre action coercitive, à l'égard du Mexique, ne résultait évidemment que de nos griefs contre le gouvernement de ce pays, et que ces griefs, ainsi que les moyens de les redresser et d'en prévenir le retour, pouvaient seuls faire l'objet d'une convention ostensible. Le comte Russell, prenant acte de cette déclaration, demandait qu'il fût stipulé d'une façon absolue que les trois puissances n'interviendraient pas dans le gouvernement intérieur du Mexique; mais M. Thouvenel ne voulait prendre à cet égard aucun engagement; il pensait que les puissances intervenantes, tout en laissant les Mexicains libres dans le choix de leur gouvernement, ne devaient pas s'interdire à l'avance l'exercice éventuel d'une participation légitime dans des événements dont les opérations militaires pourraient être l'origine.

M. Thouvenel avait donc fait ses réserves avant de signer la convention du 31 octobre, et les cabinets de Londres et de Madrid savaient parfaitement que le gouvernement français avait en vue un triple but :

1° Obtenir le redressement de certains griefs;

2° Aider les Mexicains dans l'œuvre de leur régénération;

3° Opposer à la trop grande expansion de la race anglo-saxonne, dans le Nouveau Monde, une barrière infranchissable, en rendant à la race latine, au Mexique, sa force et son prestige.

Ce programme se trouve plus complétement et très nettement exposé dans la lettre adressée par l'Empereur au général Forey le 3 juillet 1862, et comme c'est toujours à ce mémorable document qu'il faut se reporter, nous croyons utile de le reproduire en entier. Nous nous rendrons mieux compte ensuite de ce qui a été fait et de ce qui reste à faire :

L'EMPEREUR AU GÉNÉRAL FOREY.

Fontainebleau, 3 juillet 1862.

« Mon cher général, au moment où vous allez partir pour
» le Mexique, chargé des pouvoirs politiques et militaires,
» je crois utile de bien vous faire connaître ma pensée.

» Voici la ligne de conduite que vous aurez à suivre :
» 1° faire, à votre arrivée, une proclamation dont les idées
» principales vous seront indiquées ; 2° accueillir avec la
» plus grande bienveillance tous les Mexicains qui s'offriront
» à vous ; 3° n'épouser la querelle d'aucun parti, déclarer
» que tout est provisoire tant que la nation mexicaine ne se
» sera pas prononcée ; montrer une grande déférence pour
» la religion, mais rassurer en même temps les détenteurs
» de biens nationaux ; 4° nourrir, solder et armer, suivant
» vos moyens, les troupes mexicaines auxiliaires ; leur faire
» jouer le rôle principal dans les combats ; 5° maintenir par-
» mi vos troupes, comme parmi les auxiliaires, la plus sévère
» discipline ; réprimer vigoureusement tout acte, tout propos
» blessant pour les Mexicains, car il ne faut pas oublier la

» fierté de leur caractère, et il importe au succès de l'entre-
» prise de se concilier avant tout l'esprit des populations.

» Quand nous serons parvenus à Mexico, il est à désirer
» que les personnes notables de toute nuance, qui auront
» embrassé notre cause, s'entendent avec vous pour organi-
» ser un gouvernement provisoire. Ce gouvernement sou-
» mettra au peuple mexicain la question du régime politique
» qui devra être définitivement établi. Une assemblée sera
» ensuite élue d'après les lois mexicaines.

» Vous aiderez le nouveau pouvoir à introduire dans l'ad-
» ministration, et surtout dans les finances, cette régularité
» dont la France offre le meilleur modèle. A cet effet, on
» lui enverra des hommes capables de seconder sa nouvelle
» organisation.

» Le but à atteindre n'est pas d'imposer aux Mexicains une
» forme de gouvernement qui leur serait antipathique, mais
» de les aider dans leurs efforts pour établir, selon leur vo-
» lonté, un gouvernement qui ait des chances de stabilité et
» puisse assurer à la France le redressement des griefs dont
» elle a à se plaindre.

» Il va sans dire que, s'ils préfèrent une monarchie, il est
» de l'intérêt de la France de les appuyer dans cette voie.

» Il ne manquera pas de gens qui vous demanderont pour-
» quoi nous allons dépenser des hommes et de l'argent pour
» fonder un gouvernement régulier au Mexique.

» Dans l'état actuel de la civilisation du monde, la prospé-
» rité de l'Amérique n'est pas indifférente à l'Europe ; car
» c'est elle qui alimente nos fabriques et fait vivre notre
» commerce. Nous avons intérêt à ce que la république des
» États-Unis soit puissante et prospère, mais nous n'en
» avons aucun à ce qu'elle s'empare de tout le golfe du
» Mexique, domine, de là, les Antilles ainsi que l'Amérique
» du Sud, et soit la seule dispensatrice des produits du Nou-
» veau Monde. Nous voyons aujourd'hui, par une triste expé-
» rience, combien est précaire le sort d'une industrie qui est

» réduite à chercher sa matière première sur un marché
» unique, dont elle subit toutes les vicissitudes.

» Si, au contraire, le Mexique conserve son indépendance
» et maintient l'intégrité de son territoire, si un gouverne-
» ment stable s'y constitue avec l'assistance de la France,
» nous aurons rendu à la race latine, de l'autre côté de
» l'Océan, sa force et son prestige ; nous aurons garanti leur
» sécurité à nos colonies des Antilles et à celles de l'Espagne ;
» nous aurons établi notre influence bienfaisante au centre
» de l'Amérique ; et cette influence, en créant des débouchés
» immenses à notre commerce, nous procurera les matières
» indispensables à notre industrie.

» Le Mexique, ainsi régénéré, nous sera toujours favorable,
» non-seulement par reconnaissance, mais aussi parce que
» ses intérêts seront d'accord avec les nôtres, et qu'il trou-
» vera un point d'appui dans ses bons rapports avec les
» puissances européennes.

» Aujourd'hui donc, notre honneur militaire engagé,
» l'exigence de notre politique, l'intérêt de notre industrie
» et de notre commerce, tout nous fait un devoir de marcher
» sur Mexico, d'y planter hardiment notre drapeau, d'y éta-
» blir, soit une monarchie, si elle n'est pas incompatible
» avec le sentiment national du pays, soit tout au moins un
» gouvernement qui promette quelque stabilité. »

NAPOLÉON.

Voilà, certes, un magnifique programme : assurer l'indépendance du Mexique et nous le rendre pour toujours favorable, par reconnaissance et par intérêt ; établir la bienfaisante
influence de la France au centre de l'Amérique ; créer des
débouchés immenses à notre commerce et de nouveaux mar-
chés où notre industrie trouverait les matières premières qui
lui sont indispensables ; rendre à la race latine, de l'autre côté
de l'Océan, sa force et son prestige.

Mais ce brillant programme est-il réalisable ? Le Mexique

possède-t-il les éléments indispensables pour être transformé du jour au lendemain en grande puissance? Car il ne faudrait rien moins qu'une puissance de premier ordre pour contenir l'ambition de la grande République américaine, le jour où cette République voudrait sérieusement s'étendre vers l'Amérique centrale. Est-il possible d'établir un gouvernement de race latine qui promette quelque stabilité dans un pays dont les sept huitièmes de la population sont de race indienne? Est-il prudent de faire entrer dans une nouvelle phase et de compliquer cette question des races qui n'a été et qui n'est encore que trop débattue en Amérique? Peut-on compter sérieusement qu'un pays sans énergie industrielle, sans capital, sans routes, relativement sans population, va tout à coup offrir à notre commerce des débouchés immenses et à notre industrie les matières premières indispensables?

Il eût du moins fallu, pour que notre intervention fût unanimement et loyalement acceptée, que l'on se fût strictement conformé au programme impérial. Malheureusement, lorsque le général Forey est arrivé à Vera-Cruz, le succès politique de l'entreprise était depuis longtemps compromis par les actes inopportuns et arbitraires de M. Almonte. Ces actes ont été désavoués, mais il était trop tard.

Une brochure très remarquable et qui a vivement attiré l'attention, a été publiée, il y a six mois, sous ce titre : Que ferons-nous a Mexico? On pourrait dire aujourd'hui : Qu'avons-nous fait a Mexico?

III

Le général Forey a fait son entrée dans la capitale du Mexique le 12 juin 1863, et s'est immédiatement occupé, secondé par M. Dubois de Saligny, de l'organisation des pouvoirs municipaux et du gouvernement provisoire. L'un de ses premiers actes a été de soumettre la presse mexicaine au régime qui régit la presse française (1).

Une Junte supérieure, composée de trente-cinq membres, instituée par décret du 16 juin, a désigné, à son tour, comme membres du pouvoir exécutif le général Almonte, l'archevêque de Mexico et le général Salas. La même junte a ensuite appelé 215 personnes à faire partie d'une Assemblée des Notables.

Le gouvernement provisoire s'est donc trouvé composé :

1° D'une Junte supérieure nommée par le général Forey ;

2° D'un triumvirat et d'une Assemblée des Notables nommés par la junte supérieure (2).

L'Assemblée des Notables a voté l'Empire comme forme de

(1) Un décret déclarant nulles et non avenues, comme pouvant mettre obstacle à la loi du séquestre, les ventes de propriétés ou de marchandises appartenant aux personnes hostiles à l'intervention, a dû être, sans aucun doute, annulé, par le fait même de l'annulation par le gouvernement français du décret relatif au séquestre rendu à Puebla le 21 mai.

(2) On a dit à tort que « des représentants de tous les partis, même des juaristes, » faisaient partie de la Junte supérieure. Voici la composition de ce haut Conseil :

José Ignacio Pavon, président de la cour suprême sous la dictature de gouvernement, dès sa première séance et sans discussion, à la majorité de 213 voix sur 215. L'archiduc Maximilien a été immédiatement proclamé empereur à la même majorité, et dans la même séance a été émis le vote déclarant qu'en cas de refus de l'archiduc, l'empereur Napoléon était prié de lui donner un remplaçant de son choix.

Nous ne voyons nulle part qu'il ait été question de soumettre le vote de l'Assemblée des Notables à la ratification du suffrage universel. Le décret constitutif de la Junte supérieure et de l'Assemblée des Notables ne dit point qu'il doive y avoir d'appel au peuple. Les articles de ce décret, relatifs à la forme du gouvernement, sont ainsi conçus :

Santa-Anna; Manuel Diaz de Bonilla, ministre des affaires étrangères sous Santa-Anna; José Basilio Arrillaga, prêtre de l'ordre des Jésuites; Teodosio Lares, ministre de la justice sous Santa-Anna; Francisco Xavier Miranda, prêtre, ministre de la justice sous Miramon; Ignacio Aguilar y Marocho, ministre de la justice sous Santa-Anna; José Sallano, prêtre; Joaquin Velasquez de Leon, ministre des finances sous Santa-Anna; Antonio Fernandez Monjardin, ministre de la justice sous Santa-Anna; Ignacio Mora y Villamil, général, directeur du génie sous Santa-Anna; Ignacio Sepulveda, juge à Mexico sous Santa-Anna; José Maria Andrade; Agapito de Munoz y Munoz; José Ildefonso Amable; Girardo Garcia Rogas; Joaquin de Castillo y Lauzas, ministre sous Santa-Anna et sous Miramon; Mariano Dominguez, juge de la Cour suprême sous Santa-Anna; José Guadalupe Arriola, prêtre; Teofilo Marin, ministre de la justice sous Miramon; le général Adrien Woll, Français, gouverneur de l'État de Tamaulipas sous Santa-Anna, et de Guadalajara sous Miramon; Fernando Maugino, chargé d'affaires du Mexique, en France, sous Santa-Anna; José Miguel Arroyo, directeur au département des affaires étrangères sous Santa-Anna et sous Miramon; Miguel Cervantes, général et marquis de Salvatierra, du temps des Espagnols; Crispiano del Castello, ministre sous Santa-Anna et sous Miramon; Alezandro Arango y Escandon, l'un des principaux partisans de Miramon; Juan Hierro Maldonado, ministre des finances sous Miramon; Manuel Miranda, négociant espagnol; José Lopez Ortigosa; Manuel Jimenez; Gayetano Montego; Santiago Blanco, général, ministre de la guerre sous Santa-Anna; Pablo Vergara, membre de la Cour suprême sous Santa-Anna et sous Miramon; Manuel Tejada, intendant des propriétés de l'Église; Urbano Tovar, secrétaire du Trésor sous Miramon; Antonio Moran, directeur au département de la justice sous Miramon.

« Art. 14. — L'Assemblée des Notables discutera, en pre-
» mier lieu, quelle forme de gouvernement doit être *définiti-*
» *vement* établie au Mexique. Le vote, sur cette question,
» devra réunir au moins la moitié des suffrages.

» Art. 15. — Dans le cas où cette majorité ne serait pas
» obtenue, le pouvoir exécutif devra dissoudre l'Assemblée,
» et la Junte supérieure procédera sans délai à la formation
» d'une nouvelle Assemblée.

» Art. 16. — Les membres de la présente Assemblée pour-
» ront être réélus.

» Art. 17. — Après avoir décidé de la forme de gouverne-
» ment qu'il faudra *définitivement* établir, l'Assemblée des
» Notables prendra en considération les questions qui lui se-
» ront soumises par le pouvoir exécutif.

» ... Art. 23. — Les fonctions du pouvoir exécutif cesse-
» ront dès que l'Assemblée des Notables aura proclamé l'ins-
» tallation du gouvernement définitif. »

La proposition adoptée par l'Assemblée des Notables est,
en effet, conçue en termes absolus, et prétend résoudre définitivement la question. Cette proposition porte que :

« La nation mexicaine, par l'organe de l'Assemblée des
» Notables, choisit l'Empire comme forme de gouvernement,
» et proclame Empereur l'archiduc Maximilien d'Autriche. »

L'Assemblée des Notables a mérité le reproche qui lui a été
adressé de toutes parts d'avoir agi avec une trop grande préci-
pitation. Elle n'a perdu ni un jour ni une heure. Une députation, nommée par elle, et chargée d'offrir la couronne à l'archiduc Maximilien, a quitté Vera-Cruz le 18 août, pour se rendre le
plus promptement possible à Miramar. Cette députation était
ainsi composée :

M. Guttierrez de Estrada, ancien ministre des affaires étrangères et ambassadeur du Mexique à Rome, président de la
députation ;

Le Père Miranda, ancien ministre de la justice ;

M. Aguilar y Marocho, rapporteur de la commission nommée par l'Assemblée des Notables ;

M. J. Hidalgo, ancien secrétaire d'ambassade ;

Le général Woll ;

Le colonel Velasquez de Léon ;

M. Angel Iglésias (1).

Mais l'Assemblée des Notables, en prétendant être l'organe de la nation mexicaine, et en choisissant *définitivement* l'Empire comme forme de gouvernement, ne s'était pas conformée au programme impérial. L'Empereur avait dit dans sa lettre au général Forey :

« ... Quand nous serons parvenus à Mexico, il est à désirer
» que les personnes notables de toute nuance, qui auront
» embrassé notre cause, s'entendent avec vous pour organi-
» ser un gouvernement provisoire. Ce gouvernement sou-
» mettra au peuple mexicain la question du régime politique
» qui devra être définitivement établi. Une assemblée sera
» ensuite élue d'après les lois mexicaines. »

M. Drouyn de Lhuys s'est conséquemment empressé de rappeler au général Bazaine, nommé commandant en chef des forces françaises, que le programme impérial devait être scrupuleusement suivi :

« ... Nous avons accueilli avec plaisir, écrit-il le 17 août 1863, comme un symptôme de favorable augure, la manifestation de l'Assemblée des Notables de Mexico en faveur de l'établissement d'une monarchie et le nom du prince appelé à l'Empire. Cependant, ainsi que je vous l'indique dans une précédente dépêche, nous ne saurions considérer les votes de cette Assemblée que comme un premier indice des dispositions du pays. Avec toute l'autorité qui s'attache aux hommes considérables qui la composent, l'Assemblée recommande à

(1) MM. Guttierrez de Estrada et J. Hidalgo étaient déjà en Europe.

ses concitoyens l'adoption d'institutions monarchiques, et elle désigne un prince à leurs suffrages.

» Il appartient maintenant au gouvernement provisoire de recueillir ces suffrages de manière qu'il ne puisse planer aucun doute sur l'expression de la volonté du pays. Je n'ai pas à vous indiquer le mode à adopter pour que ce résultat indispensable soit complétement atteint : c'est dans les institutions et les habitudes locales qu'il faut le chercher. Soit que les municipalités doivent être appelées à se prononcer dans les diverses provinces, à mesure qu'elles auront reconquis la disposition d'elles-mêmes, ou que les listes soient ouvertes par leurs soins pour recueillir les votes, le mode le meilleur sera celui qui assurera la plus large manifestation des vœux des populations dans les meilleures conditions d'indépendance et de sincérité. L'Empereur, général, recommande particulièrement ce point essentiel à toute votre attention... »

Le vote de l'Assemblée des Notables n'est donc aux yeux du gouvernement français qu'*un symptôme de favorable augure, un premier indice des dispositions du pays.*

La réponse faite par l'archiduc Maximilien, le 3 octobre 1863, à la députation mexicaine, est du reste conçue dans le même esprit. Voici cette réponse :

« Je suis profondément touché du désir exprimé par l'Assemblée des Notables.

» Il ne peut être que flatteur pour notre maison que les regards de vos compatriotes se soient portés sur la descendance de Charles-Quint.

» C'est une belle tâche que d'assurer l'indépendance et la prospérité du Mexique sous la protection d'institutions libres et durables. Je dois cependant reconnaître, pleinement d'accord en cela avec l'Empereur des Français dont la glorieuse initiative rend possible la régénération du Mexique, que la monarchie dans ce pays ne peut pas être rétablie sur de solides et légitimes bases sans que la nation tout entière ait confirmé, par une manifestation libre de sa volonté, les vœux de la capitale.

» Du résultat du vote de l'ensemble du pays je dois donc d'abord faire dépendre l'acceptation du trône offert.

» D'autre part, le sentiment des devoirs les plus sacrés d'un souverain lui ordonne aussi de demander pour l'empire à rétablir toutes les garanties qui sont indispensables pour l'assurer contre les dangers qui menacent son intégrité et son indépendance.

» Si des garanties solides sont acquises pour l'avenir, et si le suffrage universel du noble peuple mexicain s'adresse à moi, je serai prêt, avec l'assentiment du chef illustre de ma famille, et en me confiant à la protection du Tout-Puissant, à accepter la couronne.

» Dans le cas où la Providence m'appellerait à la haute mission civilisatrice qui est attachée à cette couronne, il faut, Messieurs, que je vous fasse part, dès à présent, de ma ferme résolution d'ouvrir à votre pays, par un gouvernement constitutionnel, la voie à un progrès basé sur l'ordre et la civilisation, et dès que l'empire sera complétement pacifié, de sceller par mon serment le pacte fondamental conclu avec la nation.

» C'est ainsi seulement qu'on pourra constituer une politique vraiment nationale à laquelle tous les partis, oubliant leurs anciennes dissidences, pourront s'associer, afin d'élever le Mexique à ce haut rang qu'il doit acquérir sous un gouvernement dont le premier principe sera l'usage de l'équité dans le droit.

» Je vous prie de communiquer mes intentions franchement exprimées à vos compatriotes, et de faire en sorte que la nation puisse se prononcer sur le gouvernement qu'elle entend se donner. »

Cette réponse sage et digne, conforme à la ligne de conduite que s'est tracée le gouvernement français, n'a désappointé que la députation mexicaine. « On comprend, disait la *Correspondance générale* de Vienne, du 5 octobre, que l'archiduc pouvait d'autant moins accepter l'offre de l'Assemblée des Notables (offre qui n'a trouvé jusqu'ici d'adhésions que dans un petit nombre de départements occupés par les troupes françaises), que d'autres conditions, particulièrement l'appui effectif des puissances maritimes, ne sont encore qu'à l'état d'éventualités. L'Angleterre n'a pas encore promis officiellement son appui, bien que l'opinion publique de ce pays soit favorable au projet. »

Le *Times* de Londres disait en effet, le 6 octobre :

« L'archiduc attend beaucoup de la France et un peu de l'Angleterre. Il se tromperait, s'il attendait de l'Angleterre qu'elle prît une part égale à celle de la France dans l'appui à donner au Mexique. Il est impossible que la France rappelle ses troupes après l'arrivée de Maximilien au Mexique. Ce serait l'exposer à des humiliations et au retour de l'anarchie. Mais il est impossible que l'Angleterre se joigne jamais à une occupation militaire du Mexique. Nous reconnaîtrons l'archiduc immédiatement ; nous aurons de l'amitié pour le Mexique, mais nous n'irons pas plus loin. »

Le *Times* n'a fait que répéter en d'autres termes ce que le comte Russell a dit dans toutes ses dépêches.

IV

Il résulte de tous les documents que nous avons cités, et spécialement de la dépêche adressée par M. Drouyn de Lhuys au général Bazaine le 17 août 1863 :

1° Que la France ne cherche au Mexique « ni conquête, ni établissement colonial, ni même aucun avantage politique ou commercial, à l'exclusion des autres puissances ; »

2° Que le gouvernement français écarte hautement toute intention de substituer son influence aux libres résolutions de la nation mexicaine, et que le désir du gouvernement de l'Empereur est de restreindre, aussi promptement que les circonstances le permettront, l'étendue et la durée de notre occupation ;

3° Que l'archiduc Maximilien n'acceptera définitivement la couronne que lorsque le peuple mexicain, consulté, l'aura librement élu, et lorsqu'il aura obtenu pour l'empire à rétablir toutes les garanties indispensables pour l'assurer contre les dangers qui menacent son intégrité et son indépendance.

Il importe donc de recueillir le plus tôt possible les suffrages du peuple mexicain, et, conformément aux instructions de M. Drouyn de Lhuys, c'est dans les institutions et les habitudes locales qu'il faut chercher le mode à adopter pour que ce résultat indispensable soit complétement atteint.

Les institutions et les habitudes locales sont fort simples : tout Mexicain qui justifie de moyens d'existence honnêtes, âgé de plus de 18 ans s'il est marié, et de plus de 21 ans s'il n'est pas marié, exerce les prérogatives de citoyen, et son nom est inscrit sur les listes électorales de la municipalité à laquelle il appartient.

Mais comment procéder au vote? Proclamera-t-on le scrutin ouvert dans les localités occupées par les troupes françaises seulement ou dans tout le Mexique? Dans le premier cas, le vote ne serait pas la plus large manifestation des vœux des populations, puisque le peuple entier n'aurait pas été consulté; dans le second cas, l'appel fait aux populations ne pourrait pas être entendu et ne donnerait conséquemment aucun résultat.

On peut apprécier la situation d'un seul coup d'œil en ouvrant la carte que nous joignons à cette brochure. L'occupation française n'est effective que dans la partie du territoire mexicain, coloriée en rose; encore cette partie du territoire est-elle parcourue par soixante douze guerillas ennemies, fortes de soixante-dix à trois cents hommes. La liberté et la sincérité du vote ne pourraient donc être garanties que dans une partie relativement infime du Mexique. Les sept huitièmes de la population et les vingt-neuf trentièmes du territoire se trouvent hors de la protection française, ainsi que l'on peut s'en convaincre en consultant, indépendamment de la carte, les quelques détails de statistique et de géographie qui suivent.

V

Le Mexique est divisé en vingt-deux Etats, six Territoires et un District fédéral (1) :

États.	SUPERFICIE en milles carrés *.	POPULATION en 1858.	CAPITALES.	HABITANTS.
Aguas-Calientes.....	2,739...	86,329...	Aguas-Calientes.....	39,699
Chiapas..........	18,679...	167,472...	San Cristobal.......	7,649
Chihuahua........	83,512...	164,073...	Chihuahua.........	12,069
Cohahuila	56,572...	67,590...	Saltillo	19,898
Durango..........	48,489...	144,331...	Durango	22,000
Guanajuato	11,396...	729,103...	Guanajuato	48,954
Guerrero.........	32,003...	279,109...	Tixtla...........	6,501
Jalisco	48,591...	804,058...	Guadalajara........	68,000
Mexico..........	19,539...	1,129,629...	Toluca	12,000
Michoacan........	22,993...	554,585...	Morélia	25,000
Nuevo Leon.......	16,688...	145,779...	Monterey.........	17,309
Oajaca	23,642...	525,938...	Oajacá...........	25,000
Puebla	8,879...	658,609...	Puebla	71,631
Queretaro	1,884...	165,155...	Queretaro	29,702
San Luis Potosi.....	28,142...	397,189...	San Luis Potosi.....	19,678
Sinaloa...........	33,722...	163,714...	Culiacan..........	9,647
Sonora	100,228...	139,374...	Urès............	6,009
Tabasco..........	12,359...	70,628...	San Juan Bautista...	5,300
Tamaulipas	30,334...	109,673...	Victoria	4,621
Vera-Cruz.........	27,415...	349,125...	Vera-Cruz.........	9,647
Yucatan	48,899...	668,623...	Merida	23,575
Zacatecas.........	27,768...	296,789...	Zacatecas.........	15,427
Territoires.				
Basse-Californie.....	60,662...	12,000...	La Paz..........	1,254
Colima	3,019...	62,109...	Colima	31,774
Ile del Carmen......	7,298...	11,807...	V. del Carmen.....	3,068
Sierra Gorda.......	3,127...	55,358...	San Luis de la Paz...	4,411
Tehuantepec	12,526...	82,395...	Minatitlan.........	339
Tlaxcala	1,984...	90,158...	Tlaxcala	3,463
District.				
District fédéral......	90...	269,534...	Ville de Mexico.....205,000	
	793,179...	8,400,236		

(1) La Constitution de 1857 a apporté à cette division politique du Mexique les modifications suivantes :

TITRE II, *section* II, article 43. La Confédération mexicaine se compose

* Le mille vaut 1,609 mètres.

La population s'est accrue, depuis 1793, dans les proportions suivantes :

ANNÉES.	POPULATION.	ANNÉES.	POPULATION.
1793......	5,270,029	1839......	7,065,000
1803......	5,873,100	1842......	7,015,509
1808......	6.500,000	1851......	7,667,520
1824......	6,500,000	1854......	7,853,395
1830......	7,996,000	1858......	8,287,413

La population se compose d'environ 1,000,000 de blancs, descendants d'Européens; 4,000,000 d'Indiens; 6,000 nègres et 3,400,000 métis (issus de blancs et d'Indiens) ou mulâtres (issus de blancs et de noirs). Les étrangers, au nombre de 9,234 en 1858, sont ainsi classés : Espagnols, 5,141 ; Français, 2,048 ; Anglais, 615 ; Allemands, 581 ; Américains, 444 ; divers, 405.

de vingt-quatre États et d'un Territoire dont les noms suivent : Aguas-Calientes, Colima, Chiapas, Chihuahua, Durango, Guanajuato, Guerrero, Jalisco, Mexico, Michoacan, Nuevo Leon y Cohahuila, Oajaca, Puebla, Queretaro, San Luis Potosi, Sinaloa, Sonora, Tabasco, Tamaulipas, Tlaxcala, Vallée de Mexico, Vera-Cruz, Yucatan, Zacatecas, — et le Territoire de la Basse-Californie.

Article 44. Les États d'Aguas-Calientes, Chiapas, Chihuahua, Durango, Guerrero, Mexico, Puebla, Queretaro, Sinaloa, Sonora, Tamaulipas et le Territoire de la Basse-Californie, conservent les limites qu'ils ont eues jusqu'à ce jour (1857).

Article 45. Les États de Colima et de Tlaxcala conservent, en étant élevés au rang d'États, les limites qu'ils avaient quand ils n'étaient que de simples Territoires de la Confédération.

Article 46. L'État de la Vallée de Mexico comprend le territoire qui a formé jusqu'ici (1857) le District fédéral; mais il ne prendra cependant rang d'État que lorsque le gouvernement fédéral aura été transféré ailleurs.

Article 47. L'État de Nuevo Leon y Cohahuila comprend le territoire qui formait les deux États de Nuevo Leon et de Cohahuila, si ce n'est que l'hacienda de Bonanza est réincorporée à l'État de Zacatecas.

Les autres États, Guanajuato, Jalisco, Vera-Cruz, San Luis Potosi, font quelques échanges de villes dans le but de rectifier leurs frontières.

VI

Les ordres transmis par M. Drouyn de Lhuys au général Bazaine, le 14 août dernier, n'ont pu être exécutés. Le commandant en chef a reconnu l'impossibilité de faire ratifier par les populations le vote de l'Assemblée des Notables, attendu que sept cent mille habitants seulement se trouvent placés sous la protection de la France, et que plus de sept millions obéissent encore à Juarez ou à ses partisans. A tort ou à raison, si l'on proclamait le scrutin ouvert dans des conditions semblables, on accuserait le gouvernement provisoire d'exercer dans la partie occupée une pression contraire à la liberté du vote. D'autre part, l'on se ferait étrangement illusion si l'on s'imaginait que les adversaires de l'intervention permettraient qu'il fût procédé à un vote régulier dans l'immense territoire non occupé.

On s'est trop hâté d'annoncer que l'élaboration du nouveau régime politique avait remplacé le bruit des armes. Tel n'a pas été l'avis du général Bazaine, bien placé assurément pour apprécier la situation, puisqu'il a jugé qu'une nouvelle campagne contre Juarez était indispensable. De grands préparatifs ont été faits, et les dernières nouvelles laissent les colonnes expéditionnaires maîtresses de Queretaro. Mais, si habilement et si énergiquement que cette campagne soit conduite, on ne peut compter sur un prompt dénoûment.

Juarez ne s'exposera pas à tout perdre en un jour : il se

gardera bien d'offrir une bataille, et il fera tous ses efforts pour l'éviter. Tout fait croire qu'il persistera dans la ligne de conduite qu'il a suivie depuis la reddition de Puebla. Il abandonnera San Luis Potosi, de même qu'il a abandonné Mexico, Queretaro et Morélia. Il battra sans cesse en retraite devant l'armée française, se bornant à distribuer en guerillas la plus grande partie de ses troupes.

Continuerons-nous à poursuivre des forces insaisissables dans un pays montagneux et d'un accès très pénible à une armée régulière, avec l'obligation de laisser des garnisons dans les villes et dans les villages, et de distribuer partout sur les routes des colonnes mobiles pour assurer la sécurité des communications? L'effectif du corps expéditionnaire ne pourrait bientôt plus suffire à une telle tâche, et la prudence ne permettrait pas d'ailleurs de laisser à une trop grande distance en arrière, et exposés à un coup de main, Cordova, Orizaba, Puebla et Mexico.

Une solution par la force des armes se trouvera donc indéfiniment remise, à moins que le corps expéditionnaire français ne soit triplé ou même quadruplé; et telle n'est certainement pas l'intention du gouvernement français, puisque M. Drouyn de Lhuys a prescrit au général Bazaine de prendre des mesures pour restreindre, aussi promptement que les circonstances le permettront, l'étendue et la durée de notre occupation.

Ces circonstances naîtront d'elles-mêmes aussitôt qu'un gouvernement stable et vraiment national aura succédé au gouvernement provisoire installé le 18 juin. Nous pourrons alors nous retirer : le but de l'intervention sera rempli, et notre responsabilité se trouvera à jamais dégagée. Mais ce résultat, tant désiré, ne peut, croyons-nous, être obtenu dans un très court délai qu'à la condition de proclamer une suspension d'armes, pendant laquelle on soumettrait au peuple mexicain la question du régime politique qui devra être définitivement établi; la marche à suivre serait des plus simples :

1° Armistice de trois mois ;

2° Pendant la durée de l'armistice, il serait fait un appel au peuple ;

3° Les opérations électorales auraient lieu sous la surveillance, en nombre égal, d'agents choisis par le gouvernement provisoire installé à Mexico, et d'agents nommés par le président Juarez. Des commissaires, délégués par le commandant en chef des forces françaises, veilleraient à ce que le vote fût entouré de toutes les garanties de sincérité et d'indépendance ;

4° Les populations seraient appelées à voter pour l'établissement de l'Empire, — selon le vœu exprimé par l'Assemblée des Notables, — ou pour le maintien de la République et de la Constitution de 1857 ;

5° Juarez prendrait l'engagement de se rallier ou de quitter le pays dans le cas où le vote de l'Assemblée des Notables serait ratifié par le peuple. Si Juarez, au contraire, ou tout autre candidat du parti libéral, obtenait la majorité, l'occupation française n'aurait plus de but.

Quel que fût le résultat du scrutin, la France serait certaine d'obtenir le redressement de ses griefs. Si le peuple se prononçait en faveur du rétablissement de l'Empire, l'archiduc Maximilien pourrait aller, sans aucune appréhension, recevoir la couronne qui lui a été offerte, car Juarez, en se soumettant ou en se retirant, mettrait fin à toute opposition sérieuse ; si, au contraire, Juarez l'emportait, sa réélection, dans des conditions aussi solennelles, lui donnerait la force morale qui lui manque, et le parti clérical, sachant bien qu'il n'aurait plus désormais à compter sur une intervention européenne, mettrait un terme à ses intrigues.

Le gouvernement de M. Juarez représente l'abolition des priviléges politiques, l'égalité civile, l'union de deux races que, pendant trois siècles, on s'était efforcé de maintenir isolées : les Indiens et les créoles. Quel motif invoquerait-on

pour refuser de traiter avec lui, s'il était régulièrement proclamé président pour la troisième fois? On lui a reproché
d'avoir voulu démembrer le Mexique au profit des Etats-Unis.
Mais il ne se trouverait plus dans les conditions pénibles
contre lesquelles il lutte depuis près de six ans, et il aurait
désormais tout intérêt à maintenir l'intégrité du Mexique. Et
d'ailleurs quelles meilleures garanties offriraient sous ce
rapport les conservateurs? Santa-Anna n'a-t-il pas vendu, en
1854, aux États-Unis, la vallée de la Mesilla pour la somme
de cinquante millions de francs, et M. Almonté, à cette époque
ministre du Mexique à Washington, n'a-t-il pas lui-même
approuvé cette vente et touché le premier payement s'élevant
à trente-cinq millions de francs?

On a prétendu, à tort, qu'il y avait chez les conservateurs
une parfaite unité de vues et d'action. Les conservateurs sont,
au contraire, fort divisés. Le différend survenu entre l'archevêque de Mexico et ses collègues de la régence en donne
une nouvelle preuve.

Nous ne voyons donc pas quelle bonne raison on pourrait
invoquer pour préférer les conservateurs aux libéraux.

L'Empereur a dit dans la lettre adressée au général Forey,
le 3 juillet 1862 :

« Le but à atteindre n'est pas d'imposer aux Mexicains une
» forme de gouvernement qui leur serait antipathique, mais
» de les aider dans leurs efforts pour établir, selon leur vo-
» lonté, un gouvernement qui ait des chances de stabilité, et
» puisse assurer à la France le redressement des griefs dont
» elle a à se plaindre. »

Pourquoi poursuivre la lutte et persister dans une inutile
effusion de sang, de laquelle il ne peut même résulter aucun
lustre pour nos armes? Ne serait-il pas plus sage et plus
simple, non pas de traiter avec Juarez, mais de proclamer de

part et d'autre une suspension d'hostilités, pendant laquelle le peuple prononcerait librement et en dernier ressort entre les deux partis en lutte, entre les conservateurs et les libéraux? Le peuple mexicain serait pris pour arbitre de ses propres destinées, et la partie essentielle du programme impérial recevrait, dans un délai très rapproché, son entière application. Nous mettrions honorablement fin à une coûteuse entreprise; nous éviterions tout danger de collision avec les États-Unis, et nous aurions, à la veille peut-être d'un conflit européen, la libre disposition de nos forces de terre et de mer.

Paris. — Imp. de Dubuisson et Cie, rue Coq-Héron, 5. 7126

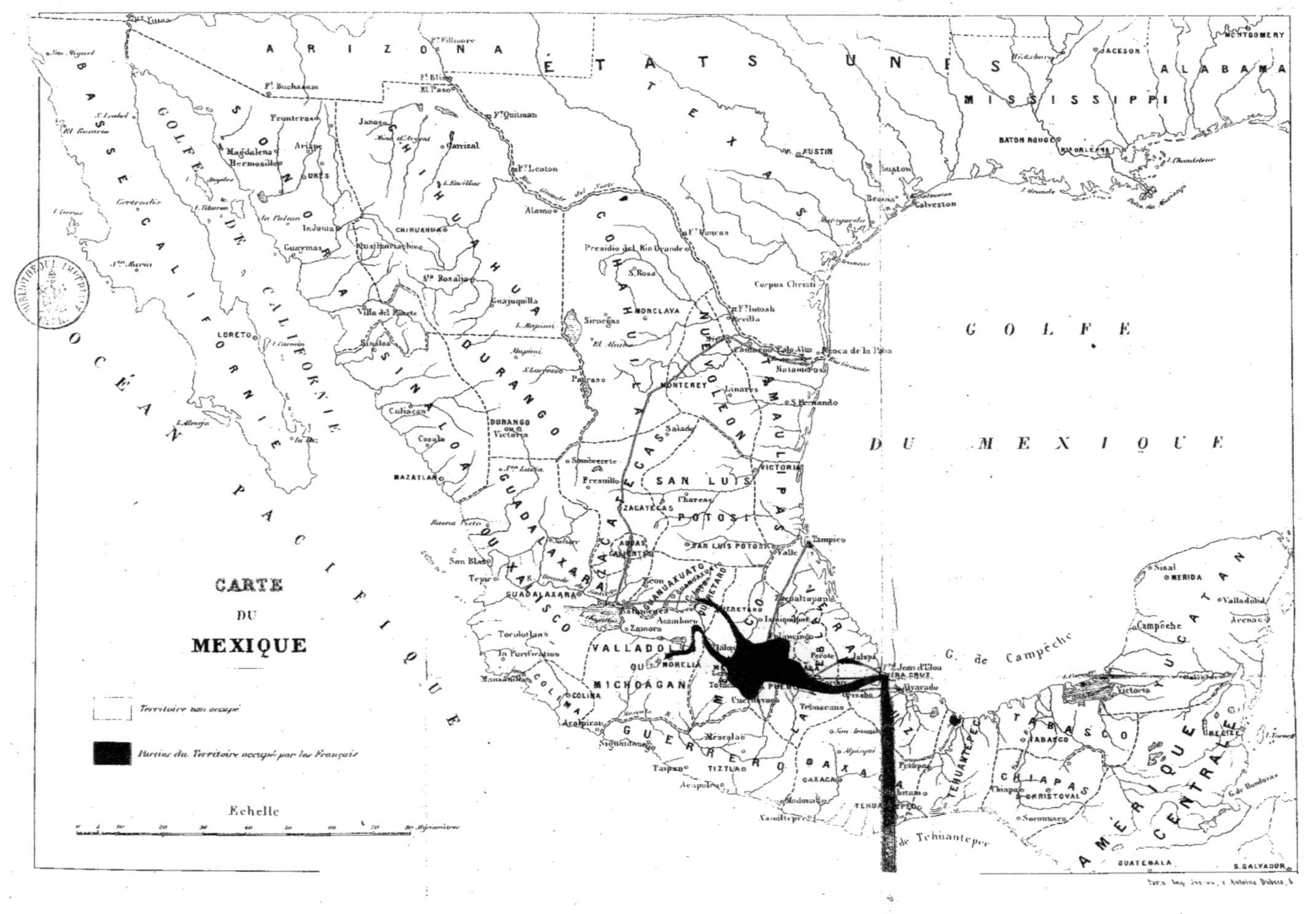

CARTE
DU
MEXIQUE

Territoire non occupé
Parties du Territoire occupé par les Français

Echelle
0 10 20 30 40 50 60 70 80 Kilomètres

OCÉAN PACIFIQUE
GOLFE DU MEXIQUE
GOLFE DE CALIFORNIE
BASSE CALIFORNIE

ÉTATS UNIS
ARIZONA
TEXAS
MISSISSIPPI
ALABAMA

SONORA
CHIHUAHUA
COAHUILA
DURANGO
SINALOA
NUEVO LEON
TAMAULIPAS
ZACATECAS
SAN LUIS POTOSI
GUADALAXARA
AGUAS CALIENTES
GUANAXUATO
QUERETARO
VALLADOLID
MICHOACAN
GUERRERO
COLIMA
OAXACA
PUEBLA
VERA CRUZ
TABASCO
CHIAPAS
YUCATAN
AMÉRIQUE CENTRALE

MONTGOMERY
JACKSON
BATON ROUGE
N. ORLEANS
AUSTIN
Galveston
Corpus Christi
LORETO
MAZATLAN
MONCLAVA
MONTEREY
Linares
VICTORIA
Tampico
SAN LUIS POTOSI
ZACATECAS
GUANAXUATO
QUERETARO
MORELIA
COLIMA
Acapulco
TIZTLAO
TEHUANTEPEC
MERIDA
Sisal
Campêche
Valladolid
GUATEMALA
S. SALVADOR

G. de Campêche
G. de Tehuantepec

Paris, Imp. Jacmin, r. Antoine Dubois, 6

www.ingramcontent.com/pod-product-compliance
Lightning Source LLC
Chambersburg PA
CBHW051746050726
47598CB00003B/1354